Consultora de lenguaje: Betty Root

Edición publicada por Parragon Books Ltd en 2013 y distribuida por:

Parragon Inc.
440 Park Avenue South,
13th floor
Nueva York, NY 10016, USA
www.parragon.com

Traducción del inglés: Marina Bendersky para Equipo de Edición, S.L., Barcelona
Redacción y maquetación: Equipo de Edición, S.L., Barcelona

ISBN 978-1-4723-3607-1
Impreso en China

My Mom is Great

Mi mamá es estupenda

Escrito por Gaby Goldsack
Ilustrado por Sara Walker

Bath · New York · Singapore · Hong Kong · Cologne · Delhi
Melbourne · Amsterdam · Johannesburg · Shenzhen

My mom is great.

She's so good at everything.
I think my mum's... MAGIC!

Mi mamá es estupenda.

Ella es buena en todo.
Yo creo que mi mami es... ¡MÁGICA!

Every morning, her magic begins when she disappears into the bathroom. She changes from morning Mommy

...into daytime Mommy!

Cada mañana, su magia comienza cuando ella desaparece dentro del baño. La mami de la noche se convierte... ¡en la mami del día!

After that, Mom is ready to tackle anything—
even the horrible monsters that
live under my bed.
Isn't my mom **brave?**

Después de eso, mi mamá está lista para enfrentar cualquier cosa, hasta los horribles monstruos que viven bajo mi cama. ¿No es muy **valiente**, mi mamá?

My mom's not afraid of anything.
I'm never worried when she's around.

Mi mamá no le tiene miedo a nada.
Yo nunca me preocupo cuando ella está cerca.

My mom never lets me down.

Mi mami nunca me decepciona.

She even manages to find Little Ted
after I've looked everywhere—and
given up hope of ever seeing him again.

Ella hasta se las arregla para encontrar mi osito
cuando yo ya lo he buscado por todas partes
y he perdido las esperanzas de volver a verlo.

Then, for her next trick,
Mom fixes my Mr. Wobbly.

Luego, su siguiente truco
es zurcir mi muñeco.

You would never know he'd been broken.

Nunca dirías que ha estado roto.

In fact, my mom can fix just about anything...

De hecho, mi mamá puede arreglar casi todo...

...except washing machines.

...menos máquinas lavadoras.

My mom always knows when
I've done something wrong.
But she never stays angry
with me for long.

Mi mamá siempre sabe
cuando me porto mal.
Pero sus enojos no
duran mucho.

Mom and I always have fun. Sometimes
she takes me for bike rides in the country.

WHEEEEEEEE!

Mami y yo siempre nos divertimos juntos.
A veces ella me lleva a andar en bici.

¡FHHHHHHHHH!

My mom is amazingly **smart.**
She always knows the answers
to my questions.

Mi mamá es muy lista.
Ella siempre sabe responder
a mis preguntas.

And she's a **fantastic** cook.
She makes me the yummiest meals.
TA-DAAAAAA!

Y es una cocinera fantástica.
Prepara las comidas más deliciosas.
¡TA-DAAAAAAAAA!

My mom makes me smile when I'm sad.

Mi mami me hace sonreír cuando estoy triste.

And she can always make me feel better
with a **magical** hug.

Y siempre puede hacer que me sienta mejor,
con un abrazo **mágico**.

Toward the end of the day Mom's magic starts to fade. By the time I'm ready for bed she has changed back into morning Mommy.

Para cuando termina el día, la magia de mamá empieza a desaparecer. A la hora de dormir, ella vuelve a convertirse en la mami de la noche.

But I don't care what Mom looks like. I don't even care
if she's not really magic, because whatever she does,
she's my mom and...

my mom is GREAT!

Pero a mí no me importa cómo luzca mi mami.
Ni me preocupa que no sea en verdad mágica,
porque haga lo que haga ella es mi mamá y...

¡mi mamá es ESTUPENDA!